곡비 哭婢

리토피아포에지 · 87
곡비哭婢

인쇄 2019. 6. 5 발행 2019. 6. 10
지은이 정석교 펴낸이 정기옥
펴낸곳 리토피아
출판등록 2006. 6. 15. 제2006-12호
주소 22162 인천 미추홀구 경인로 77
전화 032-883-5356 전송032-891-5356
홈페이지 www.litopia21.com 전자우편 litopia@hanmail.net

ISBN-978-89-6412-111-5 03810

값 9,000원

이 도서의 국립중앙도서관 출판예정도서목록(CIP)은 서지정보유통지원시스템 홈페이지(http://seoji.nl.go.kr)와 국가자료종합목록 구축시스템(http://kolis-net.nl.go.kr)에서 이용하실 수 있습니다.(CIP제어번호 : CIP2019021437)

* 이 책은 강원도, 강원문화재단 후원으로 발간되었음.

New Poems by Jeong-Seog Kyo

정석교 제6시집

곡비 哭婢

리토피아
LITERATURE & UTOPIA

시인의 말

매미는 허물을 버리고 견고한 울음 하나를 얻는다.
허물 벗은 울음은 거짓 울음이 아니다.

공허를 채우는 울음 지켜만 보았다.
사랑하는 이들의 눈물을 읽으며,

푸른 창공을 향한 삼보일배의 울음
가슴에 와 닿기까지 나, 두려워한 적이 있었던가.

기해년 유월, 울음을 접고
정 석 교

차례

제1부 풀의 날

제2부 불가촉 시인

제3부 곡비

제4부 정규직으로 가는 길

| 제1부 |

풀의 날

붉다, 광화문

각혈로 이우는 꽃잎
동백이 울면
참 봄은 화사하게 오리

남풍 타고 오는 희망들
새싹 흔드는 꽃샘은 아니었던가
눈먼 귀먼 약속, 미안해

민중에게 채운
수인번호 '헌법 제1조'
울음이 순장된 거리에서
민주의 부음을 알리던 촛불

타오르지 않을 불꽃 어디 있다더냐
억압의 독기 뜨겁게 사르는
광화문의 밤,
동백꽃보다 더 붉고 붉게 핀다

딱지보다 못한 뉴스

골목통 왁자한 함성 햇살처럼 깔렸다
죄다 뒤집어야만 이기는 마음가짐
스스로 전사가 되었는지 모른다
표적물에 꽂히는 진격의 수직낙하
더 큰 아우성으로 돋기 위해
여린 손끝 견고한 딱지로 접힌다
면과 면을 맞댄 지질은 달라도
각진 면 접는 손끝이 마음을 닮듯
어깨 밀착시킨 각양의 딱지
이기기 위해서 뒤집어내야 한다
토장국 끓는 냄새 출렁거린 골목 안
유희의 협의 딱지에게 물어야 했지만
정직을 믿고 커가는 숲과 나무 사이
노을이 찢어져도 흔들리지 않았다
세상 모서리 빳빳한 딱지 뒤집는 소리
팡팡, 달빛 속 메아리가 울린다

〉

뒤집어지는 딱지의 명명백백한 승패
삶에선 생생한 울림이 잡히지만
이미 방부 처리된 미라 같은 뉴스들
진부한 사슬 어디쯤 잘라야 될까
뉴스의 중력이 차례로 죽어가는,
더 이상 가슴 울리는 소리 낼 수 없다
권력을 찬미하는 시절의 울음들

풀의 날

풀잎, 풀잎이라 부르면
입술에서 푸르게 피는 소리가 난다
다시 풀잎이라 말하고
푸른 말이 돋는 입을 본다
태어날 때부터 품은 저 푸른 날刀,
헐벗은 날日을 위한 담금질이란 것도
꽃샘바람 베는 숨결인 것을 안다
가장 낮은 바닥에 누워
허공만 가르는 저 무수한 날
서로의 것 다치지 않는 울음으로
초록의 날이 베고 싶은 건
지정거린 봄 앞세운 기별은 아닐까
풀잎, 풀잎이라 부르면 푸른빛이
입술에서 돋는 가벼운 휘파람처럼
풀잎을 읽는데 정신이 푸르다
목청껏 휘어져 바람을 낭독하면
화창한 맛이라고 귀띔하는 풀잎

간절한 꽃물 들기를 발원하는

봄, 푸른 당신을 내내 읽는 중이다

촛불을 기억하다

속셈 드러난 명박산성* 앞에서
면박하듯 걸음을 끌고 온 여린 빛
제 몸 타들어가며 가슴에 닿는 건
뜨거운 눈물을 알았기 때문이다

불온의 시대 더 멀리 등을 기댄
달빛 자라는 시간 내내 지킨 촛불
두 손 사이 고이 솟은 그는
방패에 밀리는 순간에도 화사했다

살기 품은 행적은 우리가 표적
몽니 부린 살수차 앞에서도
흔들림 없이 유모차를 밝혀주던
촛불, 구원을 향한 민중의 경전

가슴깊이 심지 박은 새순 돋는 빛
도심 한복판에 다시 별꽃이 핀다

감싸 안은 손마디 촛불혁명의 기록
우리의 눈물 거둘 빛이 더 붉다

* 시위대를 막기 위해 컨테이너로 설치한 바리케이드.

모란공원

봄비, 해후의 반가움인 양 내립니다 영면의 거처를 보듬듯 적셔냅니다 언제 한 번 마주한 적 없었던 얼굴입니다 산자의 마음으로 이유 있는 눈물 허리 접어 당신을 만납니다

발길 못 미처 기억하지 못한 비명, 한 시절 못 다한 이름입니다 어느 걸음 다녀갔는지 숙연한 국화송이마다 상심을 걷어냅니다 당신의 족적 닮은 당당한 빛으로 반깁니다

푸른 산하 품은 모란공원 가슴은 활화산이 됩니다 체 게바라 지문이 살아 생생해지는 이 땅입니다 누구인가 불멸의 걸음을 위해 푸른 정신 태우며 당신에게 다가갈 것입니다

'앞서서 나가니 산 자여 따르라' 붉은 머리띠 하나쯤 품고 일터로 달려갑니다 산 자의 걸음 지킨 5월 봄비, 불구의 시절 이빨 사이 단단한 울음 몇 음절 발아되고 있습니다

부엉이 바위

사람 사는 세상 기억하는
몸의 기록
전하지 못한 말은 희망과 같아서
푸른 아침은 다시 솟는다는
약속의 말처럼
우리는 기다리고 있었습니다

목을 조르던 자들의 망언에
동의하지 못하고
들어내어도 믿지 못하는 시절
어떤 행위도 허용될 수 없는 경계에서
선택은 결백의 고해였습니다

망자의 생애를 기린 고요한 침묵은
더 큰 희망을 위한 발성연습 중
우리의 체온으로 덥힐 때까지
아직 그를 보내지 않았습니다

고요하고 거룩한 밤에

가난 들먹여 굶는 것보다 서러운 막장, 동발 메고 공룡아가리 전사처럼 진격했지 허기 걷어낸 입안에 고이는 어둠의 침전물, 탄가루 격렬했던 밤을 생환하면 부끄러운 시야는 늘 헐어 있었지 아침은 안면부지 깊은 늪, 퇴적의 지문 선명한 흔적을 담보로 햇살 풀은 막걸리 한 사발이면 족했지 도계집 주모 두툼한 손목이 안주였지 고요하고 거룩한 밤, 폐부 깊숙이 죽음을 탐하던 절망 더 이상 거역할 수 없는 유폐처럼 깊고 아득한 독방

가슴에 은닉한 탄탄한 적 또, 만들며 살았지

갱도 위에서 불꽃처럼 실어 날랐던 청춘 우리만의 경계 아득한 독방, 기억하지 못한 기록으로 떠났지 폐광처럼 조용한 진폐병동, 오늘은 천상으로 가기 얼마나 좋은 날인지 고요하고 거룩한 밤에

사월의 비

얼마나 많은 눈물 저 안에 고여 있어 바다는 요동칠까 움틔우지 못한 나무들 섬뜩한 봄, 깊은 수면 중인 청춘을 생각한다

붉은 꽃잎 기다리는 혹독한 4월의 아침 푸른 소리로 일어서야하는 봄, 설익은 땅위 비가 내린다 발아되지 못한 마음이 묻힌 바다 고스란히 눈물로 받아낸다 팽목항 오열의 침침한 슬픈 안녕 4월의 비, 바다에 흘러내린 빗물 방울방울 심장에 닿는다면,

울지 마 울지 마
단丹치마 입은 나의 누이여,
꽃잎 한 잎 한 잎 띄워주지 않으련

워낭소리

정겹던 이름 하나 둘 사라졌다
슬픔은 눈물로 봉합되지 않아
실어증만 쌓여 가슴이 먹먹해졌다
마지막 고삐 풀린 텅 빈 외양간
발굽 갈라진 그 이유 하나로
번제 같은 죽음의 강요
농부는 가슴 치는 습관이 생겼다
이별을 숨겨야했던 단출한 식사
구유에 배인 청청한 워낭소리
점점 닳은 기억이 메아리로 울린다
무량한 배웅도 없이 돌아서서
눈망울 총총 괴어있던 붉은 눈가
잘라낸 자리에 시름만 깊어졌다
아무도 기억하지 않는 순장殉葬 터
사선의 생석회 채 걷어내지 못했다
논두렁 밭두렁 향한 묵언의 일생
하얗게 속을 태운 가슴 언저리
딸랑, 워낭 하나 남긴 정표였다

겨울 자작나무

동토, 아득하게 바람 벗겨지는
파-르-르 파-르-르
나무가 흘리는 울음
하얀 옷깃 세운 민중의 진혼이다

흰 뼈 드러내 더욱 명백한 자세
빈틈 한 점 덧대지 않은
나신, 정갈한 동토의 시위자

불통에 대한 심지 박은 깃발이다

혁명 같은 봄, 기억하는
식지 않은 피로 세울 희망적 항거다

포이동 266번지

구획정리로 사라진 지번 한 줌 재가 되었다
삶을 바친 기둥 뼈처럼 굽어져 있었다
맨발의 그림자는 화형되었다

낙인으로 남은 토지변상금 38억 원, 강남 판자촌 포이동 266번지*
묻어둔 30년의 울음 한 줌 재로 사위어 갔다
서울 도심 마지막 판자촌 화형당한 이방인의 흔적

휘황찬란한 타워팰리스의 몽니였을까
잿바람 불던 날 행복한 삶은 애당초 없었다
오만한 자의 방관만 30년 도난당한 땅 저 편, 외딴섬
판잣집 벌거숭이 몸 거미줄에 매달린 위태로운 사냥감이었다

집이 없어진 것, 주민등록이 없어진 것, 불법체류는 아니었을까

불법점유 딱지 문패 품을 수 없어 허방으로 놓아둔 국민이라는 이름, 포이동 266번지

모두의 하늘 뻔뻔스럽게 푸르다

유산流産당한 지번, 진혼곡이라도 불러주지 않겠니

* 강남구 소재, 1981년 이후 주민등록이 미등록된 채 거주하는 마을로 2011. 6. 12일 화재로 전소.

민중아, 민중아

간 쓸개 심장 공손히 바치고
피떡 되어 돌아오는
민중아, 민중아
벙어리 같은 민중아
울지 못하는 민중아
길을 막고 하소연해도
손사래 치고 저 멀리 달아나는
그대 또한 민중이 아니었더냐
붉은 띠 질근 동여매고
저 깃발 저 함성 저 촛불
빗장을 여는 행진인데
올무는 왜 우리를 향해 있는가
부끄럽지 않은 이 땅의 정신
다시 족쇄의 문을 채우려는가
방방곡곡 민중아, 민중아
메마른 강 푸르게 채우는 것 또한
나의 민중, 우리의 손길이듯

몇 시절 그렇게 살다 보면
이 땅에 푸른 담쟁이 무성하겠지

누가 무릎을 꿇어야 되는가

고속질주의 길 어깨에서
다리 잘린 개를 위해 자리 뜨지 못한
어미개의 눈을 보았다
짐승도 눈물로 사랑을 덮는구나

때론 사람이면서도 사람이 아닌
동물보다 못나기를 부추기는 일들이 있다
장애라는 말, 말처럼 말문을 막아서는
절해고도의 벽이 서 있다
삶의 발톱 같이 매서운 혓바닥을 세워
비틀어진 칡과 등나무의 매듭처럼

처음부터 애원 같은 건 발원도 못하는
너무 간절해서 메마르게 터지는 울음
장애를 키운다는 그 이유
어머니, 어머니가 어머니에게
매몰찬 세상을 향해 그녀는 꿇었다*

〉

차별 받는 마음끼리 부딪쳐야 어디가 아픈지 아는
누군가를 위해 내미는 손, 잡은 손
따스하다, 제 살 옮겨 나누는 온기를 위해
교문이 설 때까지 꿇을 어머니의 무릎

* 서울 강서구 특수학교설립 토론장에서 무릎을 꿇은 장애인 부모.

압록강변 북한군 초병

압록강변 검은 얼굴의 북한군 초병을 보았는가
갈기처럼 물보라 일으키는 뱃전에서
앳된 초병의 반짝이는 맑은 눈동자를 보았다
휴전의 봄, 반세기 넘게 관통당한 산하
분단의 생채기 아물지 않은 단절 속에
가슴 절절 끓는 이산으로 남은 망향의 한
또 한 시절 지나가면 그 누가 눈물을 안으랴

실어증 걸린 말없는 압록강변에서
군복을 세탁하던 검은 얼굴 반짝인 눈을 가진
천진한 북한군 소년 병사와 마주했다
차마 미어지는 가슴으로 담은 수인사
응어리 안고 돌아서는 속울음처럼
뱃전에서 차가운 물보라 흐느낌을 들었다

지척에 두고 건널 수 없어 헛꿈만 꾸신다는
생전의 말씀 노을보다 더 붉게 산화하는 북녘

압록강 출렁이는 물이랑 떠나보낸 흰 국화
어느 마을 기슭에 애절한 마음 담아 전해질까
윤슬 이는 물결 눈가 적실 때까지
되새김되는 앳된 얼굴 병사의 시린 손짓

우루루 울리는 진혼곡 같은 말발굽소리 환청일까
팽팽하게 당기고 있는 압록강 너머 만주
폐허의 광야 홀로 지키던 광개토태왕비
천진한 북한군 초병의 맑은 눈망울 통해
봉인된 초원 다시 품안으로 돌아오는 날
어쩌면 서럽게 끊겼던 길 훤히 열리지 않을까
동산에 피던 진달래꽃 만주에도 총총 피어나겠지

무관심

버스 손잡이 아래 흔들리는 몸들
노부부가 살해당한 뉴스를 들으면서
안부전화 넣는 자식은 몇이나 될까
고개 떨군 시점에서 죄책은 시작되고
이내 하루 변덕으로 절은 얼굴
모든 걱정 휩쓸리는 무리에 숨어버린다
'뉴스 봤어' 기척 같은
일상에서 길들여지는 단출한 말
아가미 닫는 생선의 토막 난 몸처럼
뻑뻑해지는 말줄임표 덩어리들
문자의 문명이 전자의 이기 속에 숨은
어제 뉴스 봤어, '헐',
무의식적으로 더욱 난해해지는 말
말문 트는 아기 옹알이보다 못한
무미건조하게 변주된 미완성 말들
탱자나무 돋아난 가시 한쪽 떼서
몸 깊숙이 숨어있던 무관심 파내보면

최후처럼 붉은 피 왈칵 솟는 자책
기별 없이 떠난 누군가의 부고가 뜬다

오월, 애애

응어리진 붉은 울음이 정수리 후려친다 도처에 휘날리는 깃발은 거룩히 새겨 넣을 순응의 자세에게로 펄럭인다 푸른 풀잎부터 창궐하듯 그렇게 목마른 몸짓으로 타오르며 온다

독재자 동상을 무너뜨리고 민중의 길 머리채 풀고 하늘로 압송되는 숨 가쁜 희열이다 혁명 또한 사랑이라 했다 오월은 수장된 청춘의 유서, 핏빛 해당화다

닭장차에 꽂혀 수액처럼 빨려가는 시위대를 본다 내 적색 핏줄기 돋는 우리의 관계가 붉게 타들어간다 울지 않고 찍은 눈물의 발자국 뒤돌아보지 않고 간다 그래서 오월은 애애哀哀하다

| 제2부 |

불가촉 시인

명품 편력

사체의 허물을 수렵하러 가는 길
반짝 세일 명품관 앞은 뚫기 힘든 깊은 밀림이지요
사냥터는 언제나 만원사례입니다
이미 견고한 별종은 그룹들 차지고요
유유히 승전 터 활보하는 도도한 손끝에서
아프리카 초원이 황량하게 말라 간다지요
비애스런 사향고양이 배설물을 두고 능청 떨던, 내가
커피는 절대 마시지 않겠다던 호언은 배반하겠지요
선혈을 품고 알량하게 길들여진 별종의 편력
명품관 바닥에 가죽을 벗겨내고 알몸 노숙해야 하는
북극곰의 통곡소리 들었는지요
도륙은 마감하는 생의 환호작약하는 축배인가요
프라다 구두가 쇼 윈도우에서 탱고를 춘다나요
내게 자문하는 가죽지갑을 들여다보는 순간,
아마존 깊은 여울의 악어가 눈깔 부라리며, 눈물 뚝뚝
나, 지금 죽었니
거리에서 밀림의 포효가 몰려오네요

변명의 전성시대

청춘을 아프게 하는 그들의 변명
불통으로 전이된 불행한 세월을 키우고
피다만 꽃이 저민 땅 수놓은 노랑리본
여문 꽃 지고 피는 청춘 그곳에 다시 없습니다
권력은 얼마나 단단하게 다져진 옹벽인가요
몸과 말이 다른 변명의 전성시대,
한마디 사죄가 천 냥 빚을 갚는다면
아주 쉽게 선택할 수 있는 변명이지 않을까요
슬픔은 누군가의 기억쯤 사라지는 부장품이라고
신문사설에서 찾은 부패한 미사여구였음을
내 안에 자리한 청춘 쉬이 잊혀 지지 않고
사라진 일곱 시간을* 떨쳐내기 위해
얼마나 오랫동안 잠들어 있어야 했던가요
애도하는 모든 전체는 허구인가
노랑리본이 바람에 울고 있습니다
재갈 물렸던 시절보다 더 외롭습니다
청춘을 보내고 마주한 아침

더 미안해지는 나의 4월은,

* 세월호 참사 시 대통령 부재에 대한 의혹.

자문하다

황량한 담벽 생생하게 돋는 잎을 보며
부끄러운 몸 하나 가릴 용기조차 없었지
분연奮然히 타버린 평화시장 분신의 역사
고상한 척 시 몇 줄 쓰고 나면 무엇 하나
너무 쉽게 무너지는 나의 정신을 던져
벌건 풀무 흔적 없이 타버렸으면 좋겠네

푸른 4월 바다는 울음으로 가득한데
아물지 않은 6월 꽃잎 저물어 가고
축복해야할 봄, 꽃샘처럼 휘돋는 분노
그러한 슬픈 간격 누가 벌려 놓았나
한 번쯤 펜 끝을 날카롭게 세워 보리라

원직복직 외치던 아린 시절 있었지
상처란 얼마나 고통스럽게 솟은 눈물인가
책상머리에 앉아 매듭하나 잇지 못한
빈약한 용기 자위하는 무고한 생각들

이 땅의 울음 입술만 깨물고 있을 건가

나의 몸 위로 쏟아지는 부끄러운 자책
머리띠 묶은 거리의 말 망각하지 말자
어느 상처 부위 또 상처를 긋고 있는지
봄날 꽃은 한 번 피어도 오지게 피고 진다

가라, 그대로 가라

2002년 3월 23일, 군사정권에 빼앗긴 노동자라는
이름을 되찾는 첫걸음이었다.
2004년 11월 14일, 총파업으로 2,622명이 징계,
455명이 파면 해임되었다.

창살 너머 수런거리는 메아리 '공무원도 노동자다' 남루하게 잃은 자존심 빈사상태의 늪에서 허우적거렸다 꿈결, 저벅저벅 조여 오는 방패 든 군홧발 거리의 울음이 곧은 걸음 지울 수 있으랴 석관 속 미라 수액 빨린 목이 마르다 감금된 창살 끝 쭈뼛한 마음 따갑다 복직을 억압하는 밤 가라, 그대로 가라

집시법 위반 훈방되던 날, 호흡을 다시 토해낸다 몸 위로 잠겼던 늪이 빠져나간 눈물 마른 자리 푸른 싹이 돋았다 가슴 저리게 원직복직 외친 가쁜 숨결 담벼락을 넘는다 어깨 맞대며 먹는 길 위의 식사, 밟혔던 하루가 일어난다 다시 거리에 선다

〉

온몸으로 말할 때 독기는 희망을 품는 것과 하나의 동의어, 희망은 빛나는 햇빛 같은 것, 저버릴 수 없어 눈을 뜬다 그래, 물고기는 죽어도 절대 눈을 감지 않았지 내 생의 아름다운 날,

불가촉 시인

항복처럼 내려놓은 나의 시편 슬하에
후회막급으로 번지는 나태한 시인이여
내 몸을 향유하던 교만으로 채운 흔적
시가 되지 못한 펜이 나를 꺾어버렸다
바로세우지 못한 세상 낡은 변명으로
속죄에 이은 눈물이라는 걸 안다
쓰고 싶은, 누군가의 정신을 흔들던
금이 간 용기에 기인한 헐한 대가로
무릎을 꿇고 파문당한 실명失命의 문장
생각이 깊다고 써지는 글도 아니지만
마음 내준다고 더더욱 시가 되지 않지만
혼신이 빚은 과욕 갈등과 갈증 사이
혁명의 도화선은 한 줄 글이 필연이었다
불온의 시절 지독한 울음을 견뎠던
펜을 호명하는 순간부터 시의 형벌일까
내 품안 얼마나 많은 빚이 쌓였던가
시절 앞에 부끄러움을 모르는 나의 시들

무능을 시인할 수밖에 없는 빈약한 정신
작은 굴곡조차 안 거친 절정의 후회 앞에
알량한 나는, 천생 불가촉 시인
나의 첫 문장은 그래도 푸르렀는데,

휠체어 탄 친구

친구라 칭한 이름이 부끄러웠습니다
휠체어 의지한 신체의 부자유도
삶의 향기 담겨 있는 눈을 보면
눈부신 햇살만큼이나 평온의 얼굴
당신은 분명 우리의 이웃입니다
봉사와 선행 뒤편 감추어진 간극
소리 없이 낮추게 하는 미소입니다
사지 튼튼한 이보다 더 담담하게
휠체어 앉아 휘젓는 손끝의 말
애써 지어내는 눌변가 유머보다
진실한 손짓 마음이 따사롭습니다
손가락 마디 허공을 휘저을 때마다
상심의 벽에서 환하게 열리는 문
서로에게 푸른 말이 오갑니다
궁벽한 마음 여는 진솔한 언어
가슴에 담다보면 눈에도 익는 법

내게 다가선 손 지금도 그러했으니
꽃피는 봄처럼 웃음 화창한 날이었습니다

개마무사를 보다

아, 흩어졌던 가물가물한 시간 저편
밀폐된 문을 밀치면서 발현된 사랑
동경으로 그친 시절, 너를 만나
기억된 학습 파기하고 나의 의지로 섰다
벽을 두고 가슴 울리게 했던 열병
감금된 역사 자물쇠를 열고
개마무사*, 대륙의 잠을 깨운다

미간을 차오르는 포효의 갈기
땅을 차는 굽 소리 달리고픈 욕망이었을까
박차에 채이고 싶은 말 등
비치는 햇살에 철갑이 출렁거렸다
울부짖는 말울음 다시 듣게 되었다

박제가 아닙니다 녹슨 박차를 차면 말굽소리 울리며 뛰쳐나갈 수 있습니다 재갈을 풀면 갇혔던 욕망이 산하를 호령하는 포효입니다 붉은 갈기 세우며 중원을 울리던 개마의

절규를 보아요 억새밭 가로지르는 말굽의 편대, 우리의 시대는 죽지 않아요

아, 나의 푸른 대륙아

* 고구려 철갑기병.

삶의 방정식

숨 쉬는 모든 것들
살아가는 술수가 있습니다
어떤 이에게는 날카로운
발톱과 이빨을
또 어떤 이에게는 찌를 수 있는
뿔을
작은 몸뚱이 끝 침 속에 품은
독기를
그것마저 없는 이에게는
날랜 다리를 주고
더 나약한 이에게는 멀리 보는
시각을
변장의 기술, 예민한 코끝, 날개를 가진
숨 쉬는 모든 것들로
삶의 방정식 풀어가는 것,
내가 살아갈 수 있는 것은
얍삽하게 각을 세우는

조물주가 던져 놓은 계산에서
여전한 권모술수입니다

술이란 것

술이란 것,
망각을 훔친 망언에 놓인 자유라는 것
해체된 몸 지탱해 가는 명징한 발걸음
현실의 시간으로 재진입하려는
박열이나 체게바라 진솔하게 힐난하는
혁명가의 경계를 넘어선다
술이란 것 고백하건데
주머니에 가득 찬 부유보다
늘 목 메이던 허방에
격렬한 울음으로 타전하는
불온 누르는 정신보다 숭고한 것
술이란 정신을 방목하는 목초지
연금술사가 빚은 찬란한 금조각보다
헐리지 않은 술독에서
오래 오래 삭은 곡물의 주정이
더욱 찬란하게 향이 나는 것
삶에 대한 허방을 짚고

소통의 수위가 숙성될수록
암흑을 뚫은 자신감으로 치부되는 것
이념을 탁본하고 있을 거리에서
자신의 반성을 껴안은 불면의 울음
반란이라는 힘이 발화되는
술이란 것,

오적의 노시인에게

민중이란 꽃을 피우기 위해서
날카로운 저항의 펜 끝을 세우던
'오적五賊'의 시인은 오적吾賊이 되었다

세월호 사고 희생자는 다이아몬드값!
눈물의 바다, 변절의 굿판을 펼치고
아첨의 언어로 종군하는 시를 파문하라
세월을 난도질해 버린 과욕의 노부

포장된 깃발은 짐짓 민중을 위한 유희
양반탈 바꿔 쓰는 변절의 춤사위로
유신독재의 향수 품은 스톡홀름 증후군,
오류라 믿었던 불손한 과거의 집적
절규를 휘젓는 속물의 냄새 진동했다

'타는 목마름으로' 부르짖던 무수한 날도
사슬에 묶여 추락한 '새'의 날개도

'검은 산 하얀 방'에 갇힌 붓끝에서
'못난 시들'이 되어가는 변절의 찬미

죽은 정신 회부된 임종을 찬양하며
노시인에게 조문의 예로 시를 조롱했다
'오적五賊'의 시인은 오적吾賊이 되었다

* ' '의 글을 지은 시인의 시제(시집).

봄이 오시는 길

광화문에서 진눈깨비와 맞서 희망 담은 종이비행기를 날렸다 사육을 거부한 붉은 주먹 통곡의 시절에도 이 길은 따뜻한 불꽃을 품었으리 '공무원도 노동자다 노동권 보장하라' 전언을 실은 종이비행기 북악산 아래 푸른 지붕에 안착하기를

부음을 알렸던 저 나무 푸른 싹 틔우는
그렇게 기다렸던 봄,
열어 주어야 할 나비의 길

눈부신 4월 청보리 하늘과 땅이 맺어준 인연, 할 일이 새순처럼 돋아났다 나란한 생각과 함께 하는 걸음은 가볍다 봄이 오시는 길, 오랫동안 깨물었던 입술을 푼다

봄, 붉게 열어보는 가슴이다
검은 멍 지우듯 쏟아지는 햇발 거리에 가득하다

수화

두 손은,
수 천 수 만 개의 입을 가졌다

고요한 손짓에서 펴지는 낱자들
마음과 입 한 몸에서 태생한 것들이
손끝에서 인쇄되는 말들이다

창살 속 감옥보다 두려운 것은
차별이란 마음에 들인 냉담

손끝에서 말을 쓰고
손끝에서 말을 전하는
두 손은, 말을 잃은
수 천 수 만 명의 마음을 연다

프리 허그

안아도 치유되지 못할 불온한 시절
프리 허그* 피켓 한 장,
황폐한 일상 더 이상 맑아지지 않을
무너진 정신이 마음에게
시리고 저린 굴곡 덥혀주려 한다?
서로 안으면 무너진 가슴 비집고
슬픔이 웃음으로 안착될 수 있을까
벼랑 끝에 선 정신 이미 몸을 떠나
절단의 층계 위 낙하 중인데
생면부지의 가슴 안는다고!
몸부림 짙은 슬픈 저들의 눈물
꽃씨처럼 발아되지 못할 것이다

아내를 소중히 안았던 시간이 있었던가?
행복감 충만한 마음으로
어머니를 안아본 적이 있었는가?
세상 지친 마음 기워줄 수 있는

유일한 아내와 어머니
한평생 온몸 열고 슬픈 온도 녹여내는
화로 같은 품안

* 불특정 다수의 사람과 포옹을 통해 정신적 상처를 치유하고자 하는 안아주기 운동.

역성의 시간

단내 날 때 피는 담배 맛, 눈물샘 자극하는 기쁨 괴어내는 마성의 맛이다 입가의 연무는 허기진 가슴속 헤집고 내부를 열람한다 목마름은 연기로 화형되고 무념이 홀로 찾는 평온이다 역성易姓을 담금질하는 활화산처럼 뜨겁게 지펴지는 풀무질이다

한 모금 깊고 격한 뜨거움 쏟아내는 입, 바람으로 분해되는 순간 노동의 단내는 아버지 손끝과 가슴으로부터 온다 한숨 섞인 세상 조각하는 일 모두 배고픈 손끝에서 왔다 공중분해 된 아버지 흐느낌처럼 진위의 단초가 숨어있는 입, 이기지 못할 논쟁 감당할 수 없는 유혹에 빠진 시인이 된 것 치명적이다

폭정 탓에 목마르지 않은 민중은 없습니다 흡연을 빙자한 역성의 시간, 입을 통해 결의가 시작된다

철야농성

칠흑의 하늘 우러렀던 맨 몸의 존재는
가장 먼 곳에 유배된 절해고도
늘 수신되지 못하고 가스러진
교섭의 날刀 깊게 베인 허방이었다

태풍전야처럼 불온이 휩쓴 짙은 밤
별의 혼, 더없이 빛나는 유성우 빛들로
팽팽한 철야농성도 아름다운 시간

굴곡진 밤 붉은 피가 돈다는 것은
어깨를 곁붙인 생기의 결정체
좌절의 높은 벽을 넘어 아침이 온다

천막 꼭지점 빛이 닿은 눈부신 사물처럼
햇살의 체온으로 푸른 정맥이 돋는
비등점 오른 세상, 정렬하라
온몸을 관통하는 진격의 이 아침

알몸도 부끄럽지 않다

몸을 씻기 위해서 옷을 벗는다
시의원 교수 목사 조폭 사장도
목욕탕에서 알몸으로 서로를 맞는다
포장된 거드름이 순간 벗겨진다

일면식 없이 벗은 알몸의 내가 부끄러운가
지난 주일 주절주절 늘어놓던 고해성사
부끄러움을 탓하지 않기로 고했지만
의구심이 마음 한 녘 가칠하게 숨어있다

귀한 것 천한 것 없는 알몸의 출생은
부끄러움이 없는 생애 첫 행장
닮은 등판을 미는 아들이나
밀리는 아버지의 얼굴에는
부끄러움보다 만개한 꽃숭어리다

장벽 아닌 통벽의 공간 목욕탕에서

귀천 없이 마주보았던 벌거벗은 알몸
겉옷의 촘촘한 단추 채우고 나면
몸 어딘가 숨어있던 교만이 꿈틀거린다
옷 입고 나온 바깥이 부끄러워졌다

프로크루테스 침대

몸통을 삐쳐 나온 것이 눈에 거슬렸다 가지 하나 잘랐다 나의 생각도 잘렸다 몸은 명령에 의탁하는 술수를 배웠다 불편한 완장 하나 가슴에 간직한 나는 권력의 허수아비다 몸도 마음도 주체성이 몰락한 공무원이다 명령적 주술에 사로잡힌 맹종의 포로다 사지 멀쩡한 육신, 행동은 장애다 지침서 한 장에 끌려 맥없이 주저앉는 허수아비 나의 마지막 양심은 무엇인가 상명하복 하는 자는 민중과 다른 선민인가 공직은 멸사봉공의 허물을 쓴 매판이다 그 맹종의 역사, 이 땅 무저항의 민중은 나의 동지다 다리, 팔에 독침을 꽂고 끝내 정신마저 죄는 권력이여! 배신의 헌법과 프로크루테스 침대*는 다른가 작두날 받쳐 든 선서 앞에 질긴 노래 불러보자 불식간 해고된 내 이웃의 일터 동지인 그가 목매 세상을 등졌다 공직이여, 나는 종복의 환희를 거두겠다 프로크루테스 침대 해체를 위한 맨 몸의 천형, 모든 희망의 뿌리는 불꽃이 시작이다 부디 칼날이 나를 벨 수 있기를,

* 그리스 신화에 나오는 흉악한 도둑, 자기 나름의 기준과 잣대를 세워 놓고 사람을 죽임.

| 제3부 |

곡비

세비타령

연말 연초 우무룩한 온갖 잡세가 요동일세 개점휴업 국회도 얼씨구나 들썩일세 내로남불식 공전하며 단식으로 성이 안 차 스트립쇼 분탕치는 국회 1억5천176만원 세비가 으뜸일세 1인당 GDP 5배 넘는 세비, 상위 1% 특권일세 여야 쌍수쌍소雙手雙笑 화답에 짝을 지어 희희낙락일세 요모조모 뜯어봐도 4년 임기 비정규직일세 시간당 세비 8만원*도 적다 투정일세 노동자 최저시급 1만원 구구절절 반대일세 자기 세비 올리겠다는 심사 놀부 심보일세 무노동 무임금 원칙은 노동자에게만 있는 굴레일세 표심 좇아 읍소해도 존재감은 Zero 직무유기는 A+일세 이래저래 세비에 멍드는 건 국민일세 농춘화답弄春和答 우는 새 국민 속 터지는 울음일세

* 1일 8시간, 주 5일 기준(년 1,920시간).

1987,* 그해 6월

1987년 1월14일 서울대생 박종철 불법 체포되다. 남영동 치안본부 대공분실에서 구타와 물고문으로 숨지다. 공안당국 "조사관이 책상을 탁치니 '억' 하고…" 조직적 은폐 시도에도 진상이 폭로되다. '고 박종철군 범국민추도회'가 전국에서 열리다. 추도회가 열린 8개 도시에서 798명이 경찰에 연행되다. 그해 6월 9일 연세대학교 정문 앞 대 정부 시위를 벌이던 이한열. 경찰이 조준 사격한 최루탄에 맞아 쓰러지다. 1987. 그해 6월 민주항쟁의 불꽃이 피었다.

눈먼 귀먼 마음마저 닫은 서른 해
울었다, 눈물이 스크린에 가득했다

"영화 '1987' 안 보세요?"
"그런 영화도 있나? 시간 나면 그것도 나중에 보고"**
"저는 의과대학 대학원생이었습니다"***
비어있는 그릇일수록 소리가 크다
망발의 목소리가 사위에 가득했다

* 박종철 고문치사 사건과 1987년 6월 민주화항쟁을 다룬 영화.

, * 1987 영화관람 관련 홍준표, 안철수 대표의 답변.

보도검열*

재갈 물린 입 잘린 혀 비통한 것이랴
화형의 시절 사유는 휴면했다
신분서갱유, 강제해직은 박해의 역사
혹사한 몸보다 꺾어진 정신이 무서웠다

말이 참수된 뉴스만 바라보던 시절**
진실의 문장 부활하기 위해 절치부심해야 했다

다시 채울 수 없는 빈자리 영정사진이 웃고 있다
조준하는 총구의 윤곽 어떻게 각인해야 될까
피血는 꽃보다 붉은 꽃잎, 오월의 후렴은 눈물

날조에 공모한 활자 강건한 풍화 기억하고 있었다
멈춰 선 윤전기 잠적한 용기를 피댓줄에 걸었다
낙인의 밀서 음습했던 생애가 오랜 햇빛 마중했다
저 날선 겁박 오라 짓밟혀 죽더라도, 다시 오라

* 2017년 국군기무사령부가 작성한 계엄령 준비 문건 중 하나.
** 1980년 5월 17일 비상사태 선포 후 언론인 933명 강제해직.

다정한 폐허

뱃구레 텅 빈 허기 조등처럼 내걸린 가로등 지나 골목 끝 가난한 이름의 다정한 폐허를 찾아가요 거친 하루 악다구니한 기억 편집하면 웅숭그린 눈물만 흐르지요 미라처럼 버석거리는 담요 안으로 육신이 동반하는 추위부터 햇빛의 관계가 그립다지요 탄력 있는 아침을 기대고 싶은 희망도 잠시 거적문을 힐난하는 음습한 안개가 감시자처럼 도열해 있고요 발가벗긴 골목 안으로 슴슴한 소문만 몰고 다니는 방언이 두려워 몸이 굳어버리죠

부자와 가난은 뫼비우스 띠 같아 난청의 골목에서 움트는 소문 어떠한지 모르지요 새 봄날 기다리는 재개발단지 다정한 폐허에서 가난한 이름 김 씨 문패를 지켜낼 수 있을까요 훗날 누군가 살았던 흔적이 달갑지 않은 기억으로 남지 않을까 해요 귀가시간이 그리운 거리에서 익사체로 떠다니는 정체불명의 재개발이라는 단어 가난을 사찰하듯 송곳처럼 세워지는 타워 크레인 저기, 저 지나가던 바람이 '공약空約'한 말씀 한 구절 꿰고만 있네요

〉

'결사생존' 머리띠 묶은 골목 끝 김 씨 문패에 맞선 타워크레인 승승한 소문만 부추기고 농락당하는 공약空約만 가득하군요 행복한 시간은 선거전단지 뿌려지던 시간뿐 송곳처럼 솟은 재개발단지 다정한 폐허를 봉합하는 내일은 기약할 수 없군요 가난한 김 씨의 유품처럼 낡은 문패들 다 폐문으로 찢겨져요 가난한 거리에 흩뿌려진 공약空約 같은 공약公約 패거리로 몰려다니는 바람이 다정한 폐허에 풀어놓은 치사량 이를 수 있는 약속, 공약空約

살수, 큐피드 화살이 아니다

내 안의 묵음을 짓이긴 살수撒水*는
무량하게 흐르는 붉은 눈물이었다
어둠이 목덜미를 물던 광화문에서
최루의 징후, 진압 망령이 되살아났다
치밀한 살수가 빛나는 거리의 번제였다

화살처럼 허공을 꿰뚫은 살수 아래
적의 품은 해산은 큐피드 화살이 아니다
다시 일어나지 못한 절명을 알고도
폭압에 맞서 항거하던 11월은 분노의 시절

생가지 찢어지듯 내몰린 길바닥에서
휘뿌려진 맨몸의 통곡을 어쩐다
아무 일 아닌 듯 명중되는 살수 아래
몸에 꽂힌 가눌 수 없는 살의를 어쩐다

살수殺手 의지가 전언된 정 조준의 표적지

죽음이 흘리고 간 유언을 들었다면
내 몸을 짓이긴 시간은 힐문하지 않겠다
비겁하고 허랑한 변명은 어김없이 하더라도
그대, 양심만은 온전히 있어다오

* 2015년 11월 14일, 경찰 물대포 사건(백남기 농민 사망).

곡비

양반 상주를 위해 대신 곡하는 여자 노비가 있었다.
오늘날 그런 일을 하는 사람은 없는 걸로 알았다.
그러나 곡비哭婢의 존재는 엄연한 현실이다.

동리洞里 순실이는 우리들 누이다 다정한 이름이다 슬픔 뒤에 숨어 미소로 눈 맞춤하던 순실 누이가 흘린 눈물 본 적이 없었다 방직공장 미싱사 누이 손에서 풀리는 실보다 더 긴 밤 가난한 식구 쌀값을 위해 삼켰던 속울음, 우리들 누이다

기이한 굿판이 열렸다 작두 위에서 읊은 연설문 몇 줄 첨삭은 접신 시작이다 당당히 궁민窮民 미생未生을 등친 칼춤이다 그에게서 국민은 권력관료, 궁민은 개돼지 축생들이다 열두거리마다 망령으로 복제한 수렴청정, 대한민국 주인은 '순실'이 소유물이었다 곡비哭婢를 앞세워 웃는 성대한 행차 밀애를 탐닉하는 비밀스런 가면무도회

〉

시를 끄적끄적 각색하고 고쳐주는 비책이 있었으면 했다 미화된 내 시에 속아주었으면 하는 바람도 있었다 핍박에 분노할 줄 모르고 침묵하던 지난 시절 내 시가 울어야 할 때, 은유나 수사를 요리할 재간이 없으니 시인이란 자격을 흉내 낸 텅 빈 머릿속이다 '순실'이 냉소가 환영으로 아득하게 숨는 소실점 시벌시벌* 촛불 드는 이유

푸른 저 바다 밀봉된 울음을 유서로 남긴 깊은 수렁이다 촛불 밝히는 이 땅에서 우리들 인내가 필요할까 서녘 산 그림자 끌고 휘청거리는 노파의 바퀴 빠진 유모차 울림이 두 귀를 휑하게 담근다 걸음보다 앞서 삐걱거리는 슬픈 귀가, 울림은 우리의 숨은 몸짓이다

* 詩罰.

이 말이 스모킹 건이다

도곡동 대지에 걸려있는 할 말 많은 입들
흩어진 진실을 검은 손들이 막아선다 해도
환호작약하던 시대 은밀한 거래 뒤에
말하고픈 슬픈 입안에 파묻은 고백이 있다

"보유한 전 재산을 사회에 환원했고
서울시장 4년 동안 월급 한 푼도 받지 않아"[*]

수중에 돈이 없다는 신기루 같은 사유다
29만원 밖에 없다는 푸념, 해법이 된
비유까지 닮아가는 초라한 대통령 문패
어찌 낯설지 않은 사모의 흔적이랴

"뭐 도곡동이 어떻다고요? BBK가 어떻다고요?
새빨간 거짓말입니다. 여러분!"[**]

4대강 거슬러 레테의 강물을 마셨다 한들

입 안에 숨겨진 날카로운 DAS의 칼날이
어느 책장부속에 숨어 들썩이며 고해 중
새빨간 거짓말, 이 말이 스모킹 건이다

* 돈이 없어 변호인단 구성이 어렵다는 MB측근의 말.
** 대통령 선거유세 때 MB가 한 말.

메멘토 모리[*]

꽃잎과 잎들이 하루가 다르게 계절을 앓는다
누군가의 가슴과 기억에 안주했던 시절
홍건한 생명의 부침이 즐비한 비명을 보내고
11월 소설小雪이 풍장처럼 쓸려갔다

컨베이어 벨트에 끼어 산화한 청년 김용균
스크린 도어에 갇혀 낙화한 19세 김 군君
꽃다운 청춘을 유품으로 남긴
컵라면 하나, 목울대를 누른 끼니
따순 물 식기 전 삶의 문을 어서 열어다오

망막에서 차마 눈 감지 못해 사라진
하얗게 지워지고 있는 순간까지
정규직을 소망한 눈물 산산이 바람에 묻고
산업안전보건법 개정안[**] 밀실 갇힌 2년은
송두리째 허공에 매달린 절망의 시간
허기진 끼니마저 하청 용역 비정규직인가

〉

쌍두마차 위에서 군림하는 위정자들이여
가슴에 붙은 금배지가 수없이 부르짖는
메멘토 모리! 메멘토 모리!
노동자의 죽음을 잊지 말라
자신도 예고 없는 존재임을 잊지 마라

* 자신이 언젠가 죽는 존재임을 잊지 말라는 뜻의 라틴어, 교만하지 마라는 경고.
** 김용균법, 2015. 5월 발의 계류된 채 2년 만에 국회 통과(2018년 12월 27일).

북풍, 사라질라

한반도에 부는 훈풍, 종전의 전조는
태평양 건너 전해질 봄의 화답
필연의 일인데
오매불망 북풍, 사라질라
'사기극에 놀아나면 안 돼' 내로남불
북풍에 기생했던
'재팬 패싱' 불안감으로
준표와 아베, 속셈과 흑심이 조우했다

망각은 양심을 자위하는 유혹이 있어
굴욕으로 점철된 악연의 기억을 지운다
해빙을 재촉하는 춘풍은 불어오는데
누구 혀가 더 망발인지
격랑 치는 불안감
북풍이 되살아나길 바라는 늙은 야합들

햇빛 다발 무수한 가지마다 싹을 틔운

속셈과 흑심이 맹숭하게 탄로 나는 봄,
공동경비구역 JSA* 울린 총성
가슴에 박힌 오열의 탄환을 뽑아야 했다

* 영화 제목.

민중은 개돼지

목메어 뱉을 수 없는 '억' 소리
1억 원은 민중의 평생 희망이고
단 한 번 베팅으로 성사된 검은 거래
120억 원 주식대박* 권력의 상징이다

양파처럼 까도 속을 수밖에 없는
자꾸 천박을 숭배하는 나라
도돌이표로 새겨지고 있었구나

비밀과 의혹이 사실로 밝혀지고
꼬리 문 몸통이 늘어나고 있지만
덧칠한 은폐 은근한 수작하지 마
양심 잃은 그대들에게 공소시효는 없다

저들이 공유하는 비밀 하나 알려줄까
권력의 특혜, '민중은 개돼지'**
여기는 망발,

견론犬論과 개자犬者가 판치는 나라

* 전경준 검사장의 주식 특혜.
** 교육부 전 정책기획관 나향욱의 망언.

생환의 오찬

불면의 고문보다 더 지친 열대야
낡은 선풍기 한 대 틀지 못하고
골방 어느 죽음을 몰고 간 날
족적이 남긴 하루 치사열은 40.3℃

복심腹心이 살아서 귀환했다
냉면에 가려진 송로버섯, 캐비어, 샥스핀*
궁전식탁 위 진미 곁들인 전기료 감면은
완벽한 트릭, 셈 빠른 감선령**이었던가

더위 익은 바람도 풀죽은 한 여름
파문으로 번져도 낯선 풍문을 즐기듯
굳게 닫힌 철문 통 열릴 줄 모르고
홍청댄 초호화 오찬 비수가 되었네

웃자란 권위 다듬는 길 스스로 잃고
충직한 눈물이 추락하는 민심의 강 건너

내내 부여잡은 것은 치맛자락이었어

쓴 소리 모두 닫아 평강하신지요

* 새누리당 신임 당대표 환대 청와대 오찬 메뉴(2016. 8. 11.일).
** 가뭄, 혹서 등으로 백성이 고생할 땐 임금 밥상의 반찬수를 줄이라는 령.

단식, 블랙코미디

6일 동안 한가로이 보낸 시간
조롱을 덧댄 말, 머슴질이야
진짜 아부의 적통 머슴이야
'유민이 아빠' 46일간 단식은
'세월호' 세월을 앗아간 절박한 시간
완벽한 은닉이 필요했던 당신은
고작 6일이 한계, 진실이 경악했다
슬픈 시절 더 깊은 한숨 드리운
야속하기만 한 병신년
의회주의 파괴자는 그 가벼운 입
망각의 권력이 벌인 블랙코미디,
적폐를 선고한 민중들의 공증
예언합니다, 말보다 무서운 진실은
조용한 경청이라는 것
구차한 단식의 몸부림, 정현스럽다*
꽃피고 지는 시절 알지 못한

삼가 경박스런 단식 명복을 빕니다

* 6일 단식으로 끝낸 새누리당 이 대표.

릴레이 단식

단식사를 조롱하는 '5시간 30분간 릴레이 단식'
국회의원도 조 편성 단식 당직을 서는가
딜레이 식사로 몸소 건강을 챙기겠다는
'5시간 30분'에 불과한 다이어트 단식
국민에게 청구하려는 다이어트 비용은 얼마,

외유 추태 예천군의원 폭행 소송비 56억 원
스트립쇼 연수 국개의원 저질의 거짓말
실의 빠진 국민에게 큰 웃음 주려는 퍼포먼스
'5시간 30분간 릴레이 단식'

꽃다운 청춘이 유품으로 남긴 컵라면 하나
점심 굶는 청춘 앞에 단식 투정 하지 말라
5시간 30분의 금식 후 한 자리에 모여
밥 먹을 수 있는 시간이 보장된다는 것
자랑질 밖에 안 보이는 럭셔리한 단식
하루 한두 끼 거르는 서민들 많다

〉

릴레이 단식을 릴레이 농성으로 둔갑한들
6일 단식, 블랙코미디보다 짧은
아, 5시간 30분간의 단식 흑역사
노동자의 일터는 단식 없는 삶이 없다

다시 복면을 쓰자

민중의 입을 틀어막은 시대는 무탈한가
최루탄과 군홧발이 유발하는 폭압처럼
독재와 불통의 배후는 흡착이 좋아
얼룩진 가슴 무연히 아픈 수상한 시절

만장이 파랑 치던 함성 속에서
무혈점령군처럼 연기 뿜어대던 페퍼 포그
모가지 곧게 쳐든 진압봉에 맞섰던
은둔의 그 시절 곡소리 힘차게 불러보자

농민*을 과녁 삼던 간악한 살수의 표적
사경에 이르게 하는 안녕하지 못한 시대
꺾었던 불꽃들이 새롭게 깨어나는
그 시절 부르는 노래 다시 들리는가

방패 내리 찍히던 날 어디 한두 번이랴
거친 장벽 막아선 게 어제 오늘이랴

부동의 손 움켜쥐고 복면**을 다시 써 보자
내 입술에 닳았던 진군가 불러주지 않겠니

* 2015년 11월 민중총궐기때 경찰 직사 물대포에 맞은 백남기 농민.
** 2015년 11월 발의된 시위나 집회 등에서 복면 착용을 금하는 법안.

하늘땅 모두 죽었다

을유년 십일월 스무 사흗날 인시*,
땅 · 땅 · 땅 울린 세 방의 총소리 도심을 내달아 산을 뚫고 강줄기를 갈라 들녘의 경계마다 심장을 겨누었다

여물던 낟알 아사했다 서있는 낟가리 참시되었다 푸른 열매가 우수수 자결했다 들녘의 피살 흔적에 혼비백산한 갈까마귀 떼 청승맞게 진혼의식을 서둘러 내걸었다

을유년 십일월 스무 사흗날 인시,
땅 · 땅 · 땅 농토를 찢어내는 소리 곤궁하게 숨 쉬던 모두가 대경실색 논두렁 밭두렁 장렬한 최후를 지켜봤다

삽질하던 노 씨, 그물 깁던 어 씨, 붕어빵 굽던 양 씨와 부인, 소 몇 마리 키우던 우 씨 가솔이 흙의 심장을 겨눈 유탄에 쓰러졌다 벌거벗긴 산천이 내내 목 놓아 울었다

* 2005년도 국회에서 쌀 협상비준 가결.(식량주권 포기)된 날

나는 모른다

서로 대면하기 전까지는 모른다
일상적 우리들 답변이다

서로 주고받았어도, 나는 모른다
캥거루 같은 답변이다
서로 야합을 했어도, 나는 모른다
캥거루 같은 답변이다
서로 청탁 챙겼어도, 나는 모른다
캥거루 같은 답변이다

캥거루는 회장사장을 모른다
캥거루는 여당야당을 모른다
캥거루는 국회의원을 모른다

적폐를 모르는 발가벗긴 얼굴들
참 캥거루가 많은 슬픈 나라

* 캥거루는 원주민어로 '나는 모른다' 의 뜻.

| 제4부 |

정규직으로 가는 길

K 선배

해고, 풍문이다 단단히 위안 삼은 날들
배웅 없이 빠져나온 공복의 몸은
새벽별의 수다가 위안이었습니다
얼마나 많은 날들 잘 견뎠는가를
단정하게 정리된 출근일지를 보면
일초의 오차도 없는 기록이었습니다
버텨보자던 정년은 금기의 약속
잡지 못할 뜬구름이었다는 사실
하루하루 겨눈 눈초리는 끝내
용의선상을 벗어나지 못했습니다
생명처럼 품에서 꺼낸 명퇴서 한 장
눈물 대신 미소 한 입 책상에 얹어놓고
고별사 없이 퇴직 문턱 나선 K선배
마주치는 세상이 인사를 합니다
봄볕 몰래 익어간 뜨락에 핀 미선나무
코끝 실려 온 아찔한 향기 품고
고생했다고 꽃등 환히 내걸었습니다

봄, 황사

결박당한 봄의 투쟁 속으로 차압 딱지가 곤두섰다
옥죄어오는 해고의 황사 마음을 짓밟는다
내몰리는 알몸들 꺾어진 만장처럼 길 위에 스러진다
고공 크레인에 갇힌 무한 절규가 낙하한다

평범한 세상을 걷는 맨발의 뒤꿈치 물지 말라
자본 앞에 해제당한 몸 몇 번의 목숨
더 태워야 황사 드리운 봄 헤어날 수 있을까

목련꽃 뚝뚝 꺾이는 봄날,
작업장에서 다 닳고 거리 내몰리는 피멍든 지문
해토머리 그 어디쯤 푸른 바람 불어올까
아직 떨어질 꽃잎이 하얗다

해고의 봄, 추악한 붉은 입의 배후
명령의 시작 끝의 연결은 언제나 하나
청춘 바친 망치소리 삽질소리 희망이 불안하다

걸음이 부끄럽지 않은 내일은,
백태 낀 숭어 눈처럼 모든 조문이 끝나야 올 것 같다

탑골공원

1.
늙다는 말은, 지혜롭다는
속내가 숨어있다는 뜻일 게다
탑골공원 가는 푸른 수목 길 걷다보면
절기가 나이로 이어짐을 모른다
나른한 소식의 발원지 신문을 파내려가다
초한楚漢 병兵 두들기는 왈패 같은 응원
입가에 젖은 음탕한 농 한두 소절 쫓아
비둘기 두엇 머리 위에서 잔망거리는 풍경
건조한 웃음의 궤적, 노년의 공원이다

2.
탄력 없이 늘어진 빛살 좋은 낮 시진
국수 가락처럼 사려둔 노동의 욕구
주억거릴 때마다 노쇠한 근력은 휴면이다
직립으로 서고 싶지만 수직축을 빼앗긴 관절
벤치 벗어나 시원한 각도 잴 수 없다

박카스 한 병 거래하는 연정을 두고
지공거사地空居士*, 우리의 미래는 아닌가
당신은 여전히 당당해야 한다는 질책이다

3.
해껏 눅눅한 하루 독하게 파장하는 탑골공원
노년의 체온 묻혀있는 자리마다
골다공증 이력처럼 채인 어둠이 절룩인다
담벼락 아래 서성거리던 공허한 직립
고양이 울음처럼 귀로의 길은 아직 멀다
여윈 흔적 무디게 지운 노동의 파산자,
직립이 멀수록 몸은 늙는다
노쇠한 삶 완숙한 지혜가 달아오른다는
노년의 공원, 탑골

* 지하철을 공짜로 타고 다니는 노인을 비꼬는 말.

춘투

봄의 길목은 예외 없이
리듬을 깨고 진눈깨비로 진입한다
버석한 피부 더욱 얼얼하게
바람 앓는 소리 함께 온다
독이 오른 전신주 사나와진 소리
자진하는 전파를 넘어 적요는 사라지고
악다구니와 진창으로 굴절된 세상
완강하게 서 있어도 출렁이는
꼭꼭 숨은 무극의 허공이다
봄의 길목

서로 얽혀 비행을 멈춘
바람이 굽힐 때마다 고분고분한 세상
전장에서 멀어진 침묵이 된다
우연처럼 작정하고 갠 푸른 하늘
태양은 다시 붉게 태어날 테고
들녘은 푸르게 재단해야 한다

〉

자목련 망울 피는
공단 앞,
폐업 알리는 공고문 봄빛이 술렁인다

정규직으로 가는 길

정규 틈새가 그렇게 좁은 줄 몰랐다
청년이 가야할 자리는 아직 정체 중
재계약이란 말이 우수수 토막 난
지난밤 꿈 어수선한 마음에
고개가 자꾸만 아래로 숙여지고
이력서 한 장 더 쌓여간다고 했다
오늘부터 당신은 '정규직'이야 말하는 순간
해고통지는 다시 오지 않을까
비루한 연고도 학벌의 단단한 행적에
저당 잡힌 청춘이 빛나야할 이름
기대에 기댄 그해, 봄
청년의 모습을 다시 볼 수 없었다

해당화가 몇 번 더 붉게 피면, 정말
오늘부터 '정규직'이야 라는 말을 들을까
여전히 비정규의 절규가 휩쓴
해고의 늪이 일터를 삼킨다

뭉텅뭉텅 쏟아져 내리던 장대비 속으로
사라지던 청년의 빈 등짝에 남긴 비문처럼
고용의 서릿바람 찍어낸 눈물이었다고
누설하지 마라 정규직이란 비밀 하나
신의 계단처럼 오를 수 없는 불행한 시절

글 잃은 밤

목소리가 늘 숙취로 저장된 핸드폰
손끝에서 쿡, 단단한 입 하나 열리면
누추하게 여긴 상실한 글자들이
귓속과 입속의 경계를 두고 뒤엉킨다
손편지 즐겨 써본 사람은 안다
읽히는 것은 눈이 아니라 마음이라는 것
되돌아 올 수 없는 웃음이거나 눈물이 말라
기록되는 지면의 행간은 글의 유물이다
편지글 써보면 펜 무게 눌린 지면에서
심장에 돋은 지문 선명히 찍혀간다는 사실
배고픈 우체통으로 밀어 넣는 순간부터
마음이 내밀한 글이 통하는 화음이다
펜이 누운 자리 활개 치는 전파의 위력
분주한 정신은 편리와 타협한 지 오래다
쫓기는 자는 지루한 틈이 미덥지 못해
침 발린 말에 홀려서 글과 멀어졌다
하나 둘 펜 꺾어버리고 글을 잃은 밤,

비우고 간 소심한 여백 채울 수 없다면
환승하는 절필은 참 슬프고 가련하다
허공만 껴안고 사는 송신탑 점멸의 속성
파닥거리는 불빛이 울음처럼 흐느끼고
허울과 동행하는 갈취된 목소리로
체온의 거리 서로 단축시킬 수 없다
온몸 훑고 가는 핸드폰의 울림
어둠 깃든 박쥐의 귀 단단한 전파처럼
글을 잃고 저편에서 타인으로 산다

소금꽃

자신도 모르게 햇살 총총 꽂히는 아버지 몸짓은
팽팽한 허공에서 아슬아슬 외줄타기 광대였습니다
너울 펄럭이던 마른 해초 같은 작업복
굽은 등 가족을 지켜낸 삶의 경전입니다

상고대처럼 피어난 소금꽃이 드러날까
에돌다 골목 밖 어둠까지 지고오신 아버지
뽑아낼 수 없는 굄돌 하나 가슴에 박혀있 듯
마름질 못 다한 어느 집 기둥이 늘 서 있습니다

노래 끝이 두렁길 따라 휘어지게 울리던 귀가길
종종걸음 뒤꿈치 추궁하듯 이방인 같은 골목 안은
시린 하늘과 별 허공을 훑으며 걷는 새벽이라는 길
가스러진 작업화 뚜걱이며 내딛는 첫 발걸음입니다

유년의 불통 먹줄 튕겨 선명한 선을 잇고 싶은 지금
팽팽한 허공에서 휘어진 등으로 피워낸 향기 없는 꽃

아버지 땀샘이 부조된 이름으로 기둥 어디엔가 심어진
온전히 부신 소금꽃 무늬 찾아내고 싶습니다

거친 숨결로 받아낸 땀이 타들어간 밀지, 소금꽃
꽃 피웠으나 꽃씨 한 톨 받아내지 못한 아버지 생애
유년을 다시 키우고 싶은 꽃이어서 더 아린 고해성사
아버지의 눈물, 소금꽃을 키우고 있습니다

끼니밥진지, 수라

아침은 먹었는가?
점심은 거르지 않았는가?
저녁은 어찌했는가?
참은 때웠는가?

배곯은 이 많았던 시절
밥심이 노동의 근간이므로
그 말의 수심 더욱 깊어지는
주린 배 파내는 아픈 말입니다

공복 다독이는 빈 말 걱정을 채워도
빈 밥상만 더듬다 야간근무 나가는
일터에서 식판 잃고 사는 이, 많습니다
살아가는 일이란 먹고 먹히는 경쟁
헛꽃 모여 든 나비처럼 허기집니다

끼니밥진지, 수라 배가 따뜻해지는 말

공통의 말수작 같은 문안 인사
따뜻하게 채워지지 않는 우리네 밥상
작업복 그들에게 수라상은 펼치지 못할
빗장 걸어 잠근 흉흉한 밀식이다

낙타의 등

별빛을 걷어차는 밤, 사막에서
모래 둔덕에 발목 접힌 행로
어둠은 발자국 없이 낮게 엎드릴 뿐
낙타는 결코 쓰러지지 않았다

낙타의 등이 기댈 수 있는 것은
흩어지는 바람과 부서지는 모래뿐
그래서 깊은 밤에도 아버지의 등은
늘 어둠 속을 기대며 사셨다

노역 짊어진 지게의 위풍이듯
절룩이며 발목 묻히는 저릿한 시간
무거움을 내려놓지 못한 그리움이
아버지가 지나가신 걸음이었다

어둠을 짊어지신 아버지 걸음은
늘 희망을 기웃거린 저녁이 봉인된 여정

가장의 배후에 길들여진 발바닥으로
낙타 등을 내가 짊어지고 간다

낙과

여름 해무 인내를 휘청거리게 한다
불순한 속내가 낭자한 들녘마다
출하되는 열매들이 기형이다

불볕을 본적지로 둔 칠월의 희망
올 수확도 절벽이라는 기정사실에
난임의 흔적으로 공허한 가지 끝
소름처럼 돋는 해무가 더 사나워진다

낯선 온기로 버티던 달디 단 맛
과일상자마다 텅텅 속내를 보이고
마음을 혹사하고 발원했던 저 7월
한랭의 낙과를 줍는 들녘마다
부푼 희망을 매단 자리 밀랍 하는 일

결실의 유효함이란 농부가 웃는 것,
가슴 깊숙이 통증을 풀어헤친 해무

나무가지 뒤척이는 격렬한 소리를 듣고
체념한 한숨이 태풍처럼 흔들렸다

비닐봉투 2장

시급 오천 몇 백 원 알바, 그에게 정산은 없다
계산적으로 챙기지 못한 비닐봉투 2장*
명치 끝 관통하는 후회 막급한 40원 용처
진실이 편집된 편의점에서 의혹으로 남은
체불 양심과 맞바꾼 절도죄 고소

열아홉 나이는 무한한 희망,
벼랑 끝 세상
가로등 관점은 주변을 밝혀주듯
어둠의 딱지가 아물 때까지 알바생 사투는
굴지성을 닮은 생계의 뿌리를 심는 것
가족을 위해 밤새 등뼈를 굴착해야 했다

사람이 먼저임을 강조하는 사회
아직 총총한 푸른 웃음이 웃자라기엔 일러
취한 바람이 불빛 속으로 걸어 나갈 때
북적대는 편의점 창문마다 지명수배처럼

매일 떼어졌다 새롭게 붙여지는 전단
낙과처럼 흔들리는 '알바생 급구'

하루 25시, 웅크린 백야의 편의점
등뼈 굽어지게 절여진 지난밤이 사라졌다
발효된 아침이 진열대 위에 남아있을 뿐
퇴근 후 그가 맞는 하루는 8요일의 시간
붉게 충혈 된 청춘 멈춰 있을 뿐이다

* 체불 알바비 요구를 대항해 편의점주가 알바생을 무고한 사건.

아침마다 우화하는 남자

겨우내 몽상 깬 나비는 나래짓 하는데
7년 해탈한 매미는 여름 한철 목청 돋우는데
매미보다 더 긴 수 곱절 해를 보낸 나는,
수없이 우려내는 파문 속 휘젓는 젖은 날개

껍질 같은 이불 속으로 다시 들어갔다
아침이면 허물 벗듯 기어 나와
굼벵이처럼 자양분을 짊어내야 했다
매일매일 탈피를 기도하는 나는
날 수가 없다 맘껏 울 수도 없다

쉼 없이 물어다 나르는 개미 행렬처럼
원초적으로 미래의 생각을 품은 집 한 채
반복의 껍데기만 부실하게 남은 공간이다
날지 못하는 내 무거운 일상의 껍질을 깨면
궁벽한 처소 고치에서 걸어 나와야 하는 몸
생애가 담긴 출근의 아침은 시간이 시리다

〉

우듬지 끝 깃털 같은 잎이 그은 파문 뒤로
비상하는 새들은 언제쯤 날개를 펴는지 안다
나의 탈피는 다시 익명의 하루에 갇힌 몸
아버지의 부장품으로 가장을 상속하였으니
녹슬어가는 시대 아직도 우화 중인 남자

서로 뜨거워야 산다

아귀처럼 입을 꽉 닫아야 한다
온기가 새어 나가지 않기 위해서는
살갗이 더 웅크린 엄동은 더욱 그렇고
한 번 열리면 온기가 관통당한 흔적
체온유실의 과실 여부 밝힐 수 없지만
온기 유출 여부 밝힐 단초가 되는 한기
지퍼 올리다 머뭇대는 순간은 미필적 고의
촘촘한 이빨 물어 온기를 살려내야 한다
시린 날 더더욱 빈틈을 주지 말 것
새벽 인력시장에서 곁불 쬐는 익숙한 몸
앙다물지 않으면 잘려나간 온기가
늑골마다 빼곡한 격랑으로 들어차
세상 밖 내몰리는 통증에 편승해 더 춥다
금간 가슴 단단하게 땜질하듯
겨울엔 지퍼를 완고히 올려야 한다
어둑새벽 시베리아 고기압이 가득 찬
실직자 아침은 채울 지퍼가 없다

구조조정 칼바람 사이 노동자 몸은
한순간에도 서로 뜨거워야 산다

내 몸의 변종

편의점 진열대 놓인 컵라면 하나 샀습니다
원재료 소맥분 밀은 미국산, 호주산
말레이시아산 팜유를 빼고 나면 국산은 1.4%
컵라면의 다국적 출처, 국내산이랍니다
내가 먹을 라면의 정체가 모호합니다

심연의 거리를 힐난하듯 Kappa, Nike, KFC, Mcdonald, K-swiss 그 틈새 자리한 NH-농협, 신토불이 큼지막한 네온 아래 내 몸에 기생하는 다국적 함량 이미 국산을 벗어난지 오래 나의 불온한 출생 덮은 다국적, Made in Korea

노동자의 궁핍한 권리 거부하는, 그 사이
출구 내세우기 벅찬 정체 모호한
실체 하나 불온하게 재단해 나옵니다
미싱사 노루발 눌러져 나오는 박음질처럼
비정규의 기류 거리를 뒤덮고 갑니다
〉

중독된 습관 알고도 침묵한 나의 외면으로
수북하게 진열된 불온한 노동의 미래
관습의 내력 끌어안고 변종이 되어갑니다

검은 전사

내 유년, 탄광촌 아버지들을 검은 전사라 불렀다

초여름 감나무 가지 사이 숨은 왕매미 맹렬히 울던 날, 긴 잎 느티나무 굵은 가지 무수히 부러졌다 달빛 흔들린 탄광촌은 바람을 탄 블랙홀이었다 가슴에 가라앉은 울음이 산비탈을 휩쓸었다 자정 넘어 어머니들은 성긴 머리칼을 나부끼며 비보를 채근했다 광차에 실려 온 실낱같은 희망을 외면한 아침, 막장이었다

꽃상여 떠나는 길, 비가 통곡했다 장송곡처럼 울리던 장대비 탄광촌을 쓸어가듯 내렸다 씻김굿 추렴하듯이 흘린 저탄장 검은 눈물 생의 유품으로 남은 어머니 발뒤축을 흉물스럽게 물어뜯었다 회차할 수 없는 갱도로 다시 보내야 했던 검은 땅,

붉은 감이 경계도 없이 하늘에서 붉게 아우성이다 바라지창 아래 걸린 먹빛 작업복, 내 유년의 목록에 기억된 탄광촌 아버지들처럼 사택의 젊은 어머니는 검은 전사가 되셨다

|해설|

애도의 존재론

—정석교 시집 『곡비哭婢』 읽기

오민석 | 문학평론가·단국대 교수

I.

이 시집의 제목인 "곡비哭婢"는 시인 정석교가 세계를 대하는 두 가지 입장 혹은 태도를 동시에 보여준다. 첫째, 그는 울고 있다. 그는 이 시집을 통해 세상의 약한 것들, 상처받은 것들, 죽은 것들을 '애도'하고 있다. 둘째 '곡비'란 남의 슬픔을 위해 대신 울어주는 '여자 종'을 가리킨다. 정석교는 자신을 애도의 대상 보다 낮춤으로써 대상을 높인다.

데리다J. Derrida에게 있어서 '애도'는 존재의 속성이며 이유이다. 애도하지 않는 주체는 타자를 사랑하지 않는다.

사랑이 없을 때 주체는 타자의 죽음이나 불행을 애도하지 않는다. 프로이트S. Freud에게 있어서 "정상적인 애도 작업"은 일종의 '회자정리會者定離', 즉 시간의 흐름에 따라 타자와의 정서적 관계를 끊는 것을 의미한다. 이에 반해 데리다에게 있어서 진정한 애도란 "타자의 타자성을 존중하는 것"이다. 프로이트의 애도는 타자를 망각함, 지워냄 즉 떨구어내는 것을 의미하므로, 프로이트의 애도 개념을 기준으로 하면 데리다에게 있어서 애도란 오히려 그런 식의 '애도 작업'에 실패하는 것을 의미한다. 데리다에게 있어서 애도는 슬픔을 지속하는 것이고 애도 작업에 실패하여 애도의 상태에서 벗어나지 않는 것이다. 정석교의 애도는 이런 점에서 프로이트보다 데리다 그것에 훨씬 더 가까이가 있다.

정석교 시인이 앞서 출판한 시집들이 산, 꽃, 바다, 가족, 불교적 비움의 의미 등을 다루었음을 기억할 때 이번 시집은 매우 독특하다. 그는 마치 '기획'이라도 한 것처럼, 세상의 주변부로 밀려난 것들, 속절없이 세상의 폭력에 희생당한 것들, 버려지고 죽임당한 것들을 찾아 나서고 있다. 그는 이 모든 주변화된 존재들의 비극에 동참하고 아파하고 그들을 대신하여 운다. 시인이 '타자의 삶을 대신 사는 존재'라는 말은 이번 시집의 정석교 시인에게 그대로 적용된다. 이 시집은 "시인의 말"에 나오는 대로 세상의 그 모든 슬픔을 향한 "삼보 일배의 울음", 그 눈물의 자국이다. 그 울음은 창자에서 나오는 애곡哀曲이며, 세상에서 밀려나 사라지는 것들에 대한 비가悲歌 elegy이다.

> 갱도 위에서 불꽃처럼 실어 날랐던 청춘 우리만의 경계 아득한 독방, 기억하지 못한 기록으로 떠났지 폐광처럼 조용한 진폐병동, 오늘은 천상으로 가기 얼마나 좋은 날인지 고요하고 거룩한 밤에
>
> —「고요하고 거룩한 밤에」 부분

겉으로 보기에 별다른 수사가 없어 보이는 이 시는 그러나 대단한 반전反轉으로, 사라지는 것의 장엄한 슬픔을 보여준다. 아무도 "기억하지 못한 기록"으로 한 광산 노동자가 세상을 뜬 날을 시인은 "고요하고 거룩한 밤"이라 부르고 있다. 이 대목은 기독교 신자가 아니더라도 누구나 알고 있는 크리스마스 캐롤, "고요한 밤, 거룩한 밤"을 떠올린다. 그 밤은 "주의 부모(가) 앉아서 감사 기도(를) 드리"는 밤이며, "구주" 예수 그리스도가 태어난 밤이다. 그 밤에 "폐광처럼 조용한 진폐병동"에서 한 노동자가 세상을 뜨고 있다. 신의 아들이 세상의 가장 약한 자들을 구원하기 위해 가장 누추한 모습으로 이 세상에 온 바로 그 "그 고요하고 거룩한

밤"에, 한 노동자가 막장 같은 고독과 가난 속에서 세상을 뜬다.

정석교의 시들은 이렇게 사라지는 것들, 죽는 것들, 떨어져 나가는 것들에 대한 레퀴엠이다. 그는 한때 이 세상의 부분이었으나 그것으로부터 분리되는 것들과의 별리別離를 견디지 못한다. 왜냐하면 그것들은 이미 시인에게 내사화內射化 introjection된 시인-주체의 일부이기 때문이다. 그러므로 그것들의 죽음, 그것들의 떨어져 나감은 곧 시인-주체의 죽음으로 인식된다. 데리다의 말마따나 "죽음은 세계 안의 어떤 특정한 생명만이 아니라 우리에게 속해 있었던 어떤 순간, 그리고 (그를 통해 우리에게 세계, 특히 모든 우리 자신의 세계가 열렸던) 어떤 누군가의 사라짐을 의미"하기 때문이다. 그러므로 이 누군가의 "유일무이한 찢겨나감에 의해 세계는 정지된다." 정석교의 시는 이렇게 정지된 세계에 대한 애도의 언어이고, 애도의 존재론이다.

정겹던 이름 하나 둘 사라졌다
슬픔은 눈물로 봉합되지 않아
실어증만 쌓여 가슴이 먹먹해졌다

—「워낭소리」 부분

프로이트의 '정상적 애도 작업'이 사라진 타자를 잊는 것임에 반해, 데리다의 '애도'가 거꾸로 그것을 잊지 못하는 것에 있다면, 그것은 바로 데리다가 타자의 죽음 혹은 사라짐을 '나'의 사라짐 혹은 죽음으로 간주하기 때문이다. 데리다에 의하면 "본질적으로 죽음은 모든 경우에 있어서 나의 죽음이다." "이 '나의 것임mineness'이 죽음을 존재론적으로 구성한다." 정석교 시인에게 있어서 (타자의) 사라짐의 슬픔이 "눈물로 봉합되지 않"는 이유도 여기에 있다. 그것은 완결되지 않는, 완결될 수 없는 애도이기 때문에, 언어화되기도 힘들다. "실어증만 쌓여 가슴이 먹먹해졌다"는 문장은 과도한 슬픔으로 언어수행에 장애를 느낀 애도적 주체의 자기 고백이다.

II.

그렇다면 '나'의 부분이자 세계의 부분인 타자들은 왜 세계와 나에게서 찢겨나갈까. 그것들은 어떻게 애도의 대상이 될까. 정석교에게 있어서 그것은 형이상학적 존재론만으로는 설명이 되지 않는다. 그것은 존재의 운명이 아니라 사회적 역학에서 파생된다. 사회적 역학을 통하여 이 세계에서 배제되고 잘려나가는 것은 바로 피라미드식 권력-시스템의 제일 밑에 존재하는 자들이다. 제아무리 위장의 장치를 동원해봐야 세계는 폭력적 서열로 이루어져 있고, 이해관계가 극단적으로 충돌할 때 세계의 폭력성이 노출된다. 권력-헤게모니의 가장 유력한 전략은 다양한 방식으로 구성원들의 '동의'를 끌어내어 지배를 당연하고도 자연스러운 것으로 만드는 것이다. 그러나 동의의 생산이 현실적으로 불가능해지고 지배의 정당성이 의심받을 때 권력은 자신의 폭력성을 노골적으로 드러낸다.

> 오월은 수장된 청춘의 유서, 핏빛 해당화다
>
> (……) 울지 않고 찍은 눈물의 발자국 뒤 돌아보지 않고 간다
> 그래서 오월은 애애哀哀하다
>
> —「오월, 애애」 부분

누구나 아는 "오월"이지만, 시인은 그렇게 "수장된 청춘의 유서"들과 작별할 수 없다. 그러므로 그가 시를 통해 수행하는 것은 '애도 작업'이 아니라, '애도'이다. "핏빛 해당화"는 이미 죽은 것, 이미 사라진 것이지만, 시인이 그것을 내버리지 않는 한, 시인에게 애도는 끝나지 않는다. 그것은 이미 사라졌으되 아직 사라지지 않은 모순의 존재이다. 시인-주체의 바깥에서 사라진 그것은 사라짐과 동시에 시인-주체의 일부가 되어 있다. 말하자면 그것은 시인-주체 안에

내주하는 통점痛點이다. 따라서 정석교의 애도는 사회·역사적 사건들의 후유물後遺物이다.

프레드릭 제임슨F. Jameson의 말마따나 "역사는 우리를 해친다History hurts." 역사는 늘 우리의 유토피아 욕망을 피해가며 세계의 가장 약한 고리에 있는 존재들에게 상처를 입힌다. 그들이 다치는 이유는 그들이 항상 권력으로부터 소외되어 있으며, 자신을 보호할 아무런 무기도 갖고 있지 않기 때문이다. 그들은 모순의 생산 주체가 아니므로, 존재만으로 볼 때 다칠 이유도, 배제될 이유도, 이 세계에서 버림을 받을 이유도 없다. 그들이 상처를 받는 것은, 그들에게, 세계의, 권력의, 시스템의 모순이 집약되어 있기 때문이다. 그들 없이는 이 세계가 가동될 수 없으므로 시스템 안에서 그들은 늘 동의와 설득과 착취의 대상이 된다. 동시에 그들 안에 권력-헤게모니의 모든 부도덕과 기만과 남용이 기록되고 축적되므로, 그들의 입은 늘 함구 당한다. 더 이상 견딜 수 없는 어떤 순간에 그들의 입이 열릴 때, 즉 시스템의 오랜 모순이 드러날 때, 권력-헤게모니의 최대의 위기의 순간이 오고, 가장 약한 고리의 존재들에 대한 노골적인 폭력이 시작된다. 이때야말로 역사가 우리를 '해치는' 순간이다. 이 시집의 시들은 그렇게 해서 버려진 존재들에 대한 애도의 노래들이다. 그들이 울지도 못하고

"찍은 눈물의 발자국 뒤"를 정석교는 좇아간다. 그리고 그들을 위해 대신 운다. 시를 통해 그는 스스로 그들이 된다.

장애라는 말, 말처럼 말문을 막아서는
절해고도의 벽이 서 있다
삶의 발톱 같이 매서운 혓바닥을 세워
비틀어진 칡과 등나무의 매듭처럼

처음부터 애원 같은 건 발원도 못하는
너무 간절해서 메마르게 터지는 울음
장애를 키운다는 그 이유
어머니, 어머니가 어머니에게
매몰찬 세상을 향해 그녀는 꿇었다

—「누가 무릎을 꿇어야 하는가」 부분

이 시는 서울 강서구에서 특수학교 설립을 반대하는 주민들 앞에 무릎을 꿇고 설립을 인가해달라고 빌었던 한 장애인 어머니의 이야기를 다루고 있다. 장애인의 어머니가 무릎을 꿇었던 것은 특수학교 설립을 반대하는 주민들의 입장에 '동의'해서가 아니다. 그것은 "장애"를 "절해고도의 벽"으로 만든 시스템에게 던지는 사회적 약자의 필사적인 "애원”의 표현이다. 정작 무릎을 꿇어야 하는 것은 장애인의 인권을 지켜주지 못하는 국가 시스템이다. “누가 무릎을 꿇어야 하는가”라는 제목은 바로 이 대목에서 나온다. 시인은 무릎 꿇어서는 안 될 대상 앞에서 무릎을 꿇어야 했던 어머니의 참담함이 되어 울고 있다.

III.

약한 것들의 저항은 늘 집단적일 수밖에 없다. 나무들이 홀로 서 있을 때, 풀들이 군락을 이루는 이유도 이것이다. 약한 것들은 바로 그 약함 때문에 타자 지향적이다. 홀로 설 수 없으므로 약한 것들은 친구를, 애인을, 동료를, 동지를 더욱 간절히 필요로 한다. 약한 존재들이야말로 상호내주相互內住적이다. 그들은 서로에게 들어가 서로의 일부가 된다. 그러므로 친구가 죽었을 때, 약한 존재들의 애도가 가장 깊다. 약한 존재들은 가장 많이 상처받으므로 가장 많이 울고, 자기 안의 타자를 지우지 못하므로 깊게 운다. 약함의 다른 이름은 ‘사랑’이다. 애도는 약한 자들, 사랑이 많은 자들의 존재 방식이다. 데리다가 “나는 애도한다. 고로 존재한다”고 했을 때, 애도란 자기 안의 타자를 향해 우는 ‘나’의 행위를 지칭한다. 이런 식의 상호내주, 페리코레시스 perichorésis가 인간을 인간답게 한다. 데리다가 애도를 “유한성(finitude)"에 대한 공유된 감성으로 읽는 것도 이런 이유이다. 저마다 약한 것들이 다른 약한 것들의 사라짐, 죽음, 버려짐을 애도하는 것은 서로의 유한성을 끌어안기 때문이다.

풀잎, 풀잎이라 부르면
입술에서 푸르게 피는 소리가 난다
다시 풀잎이라 말하고
푸른 말이 돋는 입을 본다
태어날 때부터 품은 저 푸른 날刀
(……)
가장 낮은 바닥에 누워
허공만 가르는 저 무수한 날
서로의 것 다치지 않는 울음으로
초록의 날이 베고 싶은 건
지정거린 봄 앞세운 기별은 아닐까

—「풀의 날」 부분

"풀잎"들은 모여서 "지정거"리며 운다. 그것들은 "가장 낮은 바닥에 누워" 서로 웅성대며 자신들을 지킬 "날"을 흔든다. 그러나 그 칼은 서로를 다치게 하지 않는다. 왜냐하면 그 날은 "울음"이기 때문이다. 그것들이 내뿜은 것은 오로지 "푸른 말", 생명의 말이다. 그들이 "베고 싶은 건" 기껏해야 "봄 앞세운 기별" 정도이다. 그 기별이 무엇인지 분명치 않지만, 적어도 풀잎들은 공격적이지 않다. 풀잎들을 서로 기대고 어울리게 하는 것은 파괴본능이 아니라 서로를 끌어안는 인력引力이다. 풀잎들은 서로를 끌어당겨 안으로 투사한다. 한 존재가 다른 존재 안으로 들어가고, 다른 존재가 한 존재 안으로 들어간다. 한 존재가 죽을 때, 다른 존재의 일부가 죽는다. 다른 존재는 그 죽음을 버리지 않는다. 그 죽음은 자신이 그것의 일부였던 존재를 지속적으로 아프게 한다. 이것이 사랑의 윤리이고, 윤리의 사랑이며, 애도할 줄 하는 인간의 삶이다. 이런 삶에 폭력은 없다.

압록강변 검은 얼굴의 북한군 초병을 보았는가
갈기처럼 물보라 일으키는 뱃전에서
앳된 초병의 반짝이는 맑은 눈동자를 보았다
(……)
또 한 시절 지나가면 그 누가 눈물을 안으랴
(……)
실어증 걸린 말없는 압록강변에서
군복을 세탁하던 검은 얼굴 반짝이는 눈을 가진
천진한 북한군 소년 병사와 마주했다

(……)

어쩌면 서럽게 끊겼던 길 훤히 열리지 않을까

—「압록강변 북한군 초병」 부분

(가장 살벌한 군사지역에서 만난) 가장 약한 눈동자야말로 끌어당겨 '나'로 만들고 싶은 타자이고, 들어가 그의 일부가 되고 싶은 타자이다. 약한 것들끼리의 상호침투가 유대와 연대, 사랑의 전선戰線을 만든다. 애도를 '작업'으로 끝내지 않는 곳, 영원히 지속되는 애도가 있는 곳이야말로 사랑의 해방구이다. 위 시의 화자는 가장 약한 고리에서 가장 큰 정치적 해결의 잠재성을 읽고 있다. "어쩌면 서럽게 끊겼던 길 훤히 열리지 않을까"라는 희망은 강력한 군사력이 아니라 "앳된 초병의 반짝이는 맑은 눈동자"에서 나온다.

뱃구레 텅 빈 허기 조등처럼 내걸린 가로등 지나 골목 끝 가난한 이름의 다정한 폐허를 찾아가요 거친 하루 악다구니한 기억 편집하면 웅숭그린 눈물만 흐르지요

—「다정한 폐허」 부분

이제 모든 것이 자명해진다. 시인 정석교가 찾아가는 곳은 "폐허"이다. 다 털려 아무것도 가지고 있지 못한 상실의

공간, "허기(가) 조등처럼 내걸린" "가난한 이름"들이야말로 정석교가 찾아가는 곳이다. 그곳엔 타자에게 열린 문들이 있으며 타자를 끌어당기는 힘이 있다. 그곳에서는 애도가 삶이며, 삶이 애도이다. 그곳은 유한성을 인정하며, 유한성의 아픔을 공유하는 곡비들의 공간이다. 정석교 시인이 꿈꾸는 가장 이상적인 공동체는 서로가 서로에게 곡비가 되는 사회이다. 이 시집은 그런 울음의 기록이다.